Pierre Musaada Buhendwa Nyamuhara

Les Cris de la Victime

Pierre Musaada Buhendwa Nyamuhara

Les Cris de la Victime

Éditions Muse

Cover image: www.ingimage.com

Publisher:
Éditions Muse
is a trademark of
Dodo Books Indian Ocean Ltd. and OmniScriptum S.R.L publishing group

120 High Road, East Finchley, London, N2 9ED, United Kingdom
Str. Armeneasca 28/1, office 1, Chisinau MD-2012, Republic of Moldova, Europe
Printed at: see last page
ISBN: 978-620-4-96522-2

Mes remerciements

Pour que j'existe,

Tu faisais te peinture,

Quand l'ombre n'avait plus d'idée,

Quand la peur n'avait plus force sur moi,

Car tu fais de moi l'épée de la victoire,

Pensée de la puissance et de renaissance,

Quand ton histoire sert mes accomplissements,

Assurance de ma puissance Divin,

Tu es ma lumière.

Birugu Nyamuhara Pierre

Les cris de la victime

Pour qu'ils aient pavé par la violence mon existence, ils peignent mon image de l'horreur pour que de mon existe leurs égoïsmes sur les rues de mon existence désolation ait pris le rythme, de sorte qu'ils rythment mon avenir par les Smartphones issues de minerais de sang, Sang de mes frères et sœurs massacrés par un deal du business international, dans un élan où l'international s'abstient du terrorisme observé par les rapports de tireurs de ficelles, abstraction faite à raison de la volonté de nuire, croyant que l'ombre de la mort caractérisant la vie de ma rue, même les vies des innocents décapitées par les commanditaires que les rues de la morts aient peint sur mon paysage, pour raison de l'économie mondiale, dans les manœuvres de la reine des organisations de la paix, le complot était soutenu par les frères de gauches et de droites sans comprendre que la peinture du sang dans ma rue était une honte à l'humanité. Pour une justification, un génocide de sept cent milles mort était aussi plus favorisé qu'un génocide de plus de treize millions de morts entretenu par les puissances pour obtenir l'exploitation de mines dans ma rue, aucun ne pouvait faire l'opposition, la publicité de ces massacres se faisait sur nos Smartphones obtenus par les rivières de sang de ma rue, sans que nous ayons le cout de Smartphones sur l'environnement.

Pour une histoire

Il s'agissait d'une histoire d'hasard,

Notre rencontre de voyage de par hasard,

Quand nous tous nous étions sous bataille,

Personne ne croyait notre survie sous pareil,

Pareille bataille qui ne faisait que l'histoire de mort,

Pour que nous soudions notre amitié sans témoins,

Pour affermir notre amitié nous avons eu peur de la mort,

Pour que l'autre protège l'autre afin qu'il fasse témoin,

Mais nous avons armé notre armure pour que nature décide,

Sans le vouloir tous nous avons pu forger notre survie dans le bain,

Bain du sang que les compagnons versaient pour défendre le drapeau de corde,

Pour faire plaisir à notre amitié dans les circonstances de notre épreuve soudaine,

Nous avons décidé d'écrire l'histoire de notre amour par le sang d'honneur,

Nous avons fait que seulement l'honneur de notre amitié triompher l'horreur,

Pour que pour l'avenir histoire s'écrive pour la bataille que l'amitié à triompher,

Chacun voulait le faire pour que l'avenir ait le témoin de ce que amitié a triomphé.

Pour ceux de nous

Alors que je finissais mes études,

Aucun espoir de vivre dignement ne se peignait,

L'espoir dans mon paysage avec certitude,

Il restait pour moi une charge de faire une montagne,

Montagne de migration pour sauver ma famille,

Aucun ne pouvait m'empêcher cette fouille,

Exploitation de toutes les possibilités de donner image,

Image de la vie à moi et ma famille qui existions sans page,

Acceptais humiliation et soumission pour moi et mes miens,

Ayons la vie sans non plus tendre la main sur les ruelles,

Il s'agissait d'une nouvelle reine de Gladiateur pour les miens,

Ils diffusaient mon image pour donnes espoirs autres familles,

Qu'elles trouvent intérêt d'investir dans la scolarité de leurs filles et fils,

Même si le chômage freinait déjà cet élan d'éducation pour mon pays,

Il fallait qu'un espoir renaisse pour que les milices armées cessent dans mon pays,

Pour que les familles ne trouvaient plus la peine dans la mort de leurs filles et fils.

Le village à nous

Pendant que les armes nous font chagrines,

Nous avons des organisations de la paix qui insulte,

Nous sommes les butins de leurs décisions égoïstes,

Pour qu'ils aient les billets de sang dans le trafic indigne,

Le monde pleure les morts par les guerres économiques,

Guerres que les peuples ordinaires n'y tirent jamais profit,

La violence se trouvait à tout moment pour raison économique,

Alors que le monde vivait déjà des cimetières sans profit,

Les assises qui se faisaient portaient l'image de partage le butin,

Les citoyens du monde étaient déjà un deal d'un groupe d'affairistes,

Partageant le destin de citoyen dans un sanctuaire comme un butin,

Prouvant leurs esprits d'affairistes de vouloir construire un monde injuste,

Quand le slogan d'un monde village se nourrissait par une violence sans pareil,

Les uns aux autres se battaient pour montre leurs puissances militaires de tailles,

La destruction de la paix se lisait dans leurs préméditations pour raison de orgueil,

Aucun ne trouvait la raison de favoriser la paix de peur à perdre son appareil.

Rive notre vie

Fleuve rose de notre existence de la vie,

Tu as fait notre vie par connectivité,

Tu assurais le trafic de nos activités,

Avec ce trafic l'échange gagne la vie,

Pour explorer votre beauté la pirogue,

Marquait notre trafic marin de vie longue,

Que nous s'exercions entre nous et nos voisins,

Pour assurer le bonheur de peuples cousins,

Qu'un trafic de commerce unissait sans faille,

Car chaque peuple assurait la paix de taille,

Pour gagner dans le commerce sur notre fleuve,

Rien n'assurait la paix si notre épreuve,

De commerce marin échouait par hasard,

Car la paix des royaumes reposait d'hasard.

Sous un vent de voyage

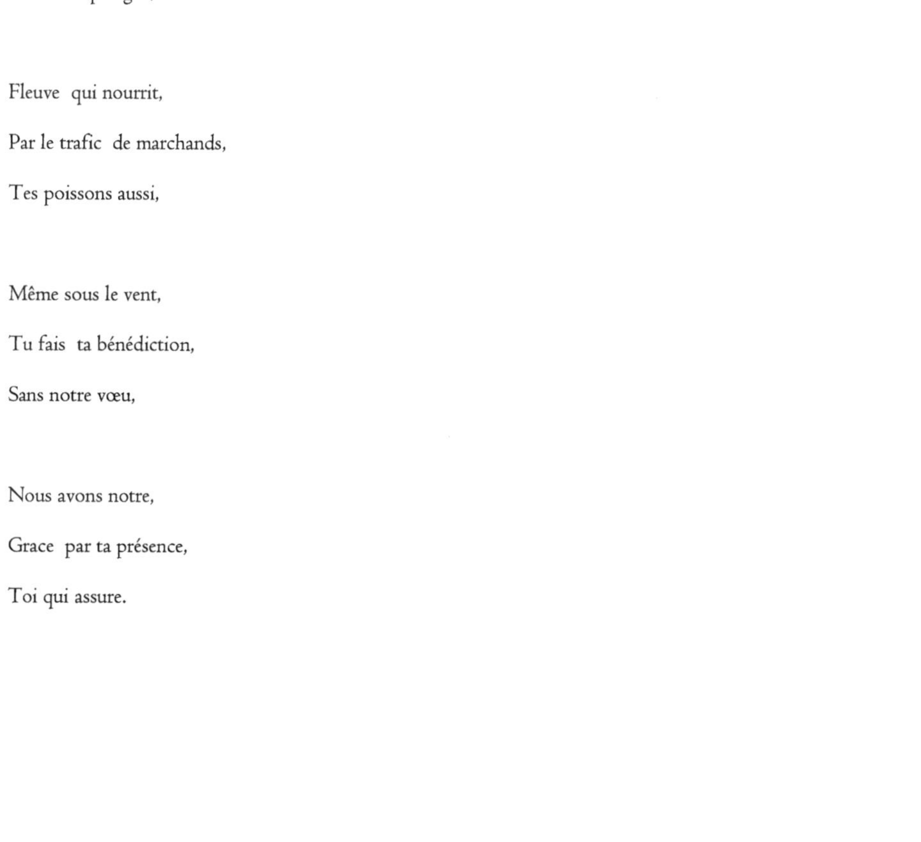

Sous un vent violant,

Ton ruisseau embellissait l'eau,

Fleuve de chez moi,

Tu partais avec nous,

Sans que nous perdions confiance,

Dans une pirogue,

Fleuve qui nourrit,

Par le trafic de marchands,

Tes poissons aussi,

Même sous le vent,

Tu fais ta bénédiction,

Sans notre vœu,

Nous avons notre,

Grace par ta présence,

Toi qui assure.

Grenier marin de mon village

Rivière de poissons et de boissons nouvelles,

Fleuve de mes aillés et de génération nouvelle,

Sans perdre tu nous as toujours fait d'avantage,

Tu assurais toujours le trafic commercial de bagages,

Tous nous avons connu ton importance dans le temps,

Car habit et manger venaient au travers toi au printemps,

Pour raison de la forte production de nos régions voisines,

Nos amis et nos parents pratiquaient la navigation de routine,

Sans que nous ayons pris connaissance de toi à l'école,

Nos familles écrivaient déjà dans nos vies et mémoires,

Car ta présence était partout dans nos maisons et armoires,

Pour que tu fasses notre berceau et notre histoire à l'école,

Pour que le monde ait connaissance de ton importance pour toujours,

Car aucun de nous ne pouvait finir son histoire de la vie pour toujours.

Rive de mon histoire

Rive de mes aillés,

Apportant la vie de peuples,

Par ton eau douce,

Sur ton chemin d'eau,

Nous vendons et achetons tous,

Pour habit et jeu,

Plait de ton doux jeu,

Lors de nos trafics sous vent,

Que tu protège,

Sans qu'il plait mon roi,

Aux communautés de nous,

Pure alliance,

Pour la tradition,

Que nos aillés auraient fait avant,

Pour que nous ayons biens.

Le partage assure la paix

Bâtir un monde égal serait l'idéal,

Car chacun trouverait dans l'autre l'idéal,

Il militerait que son pain assure la paix,

Car un monde de paix se construit par le pain,

Quand le partage des pains se fait dans l'équité,

Personne ne pouvant trouver l'intérêt de nuire l'égalité,

Pour qu'il perde le peu de pain qu'il a eu dans la paix,

Pour que soudain il se trouve dans le sang pour la paix,

Il trouve alors intérêt de protéger la paix pour peu de pains,

Quand les autres n'ont pas assez de pains dans la paix,

Ils jugent le monde égalitaire dans l'esprit de faire la paix,

Car tous ont la paix par l'assiette de partage de la quantité de pains,

Alors personne ne pouvait trouver l'œuvre du terrorisme,

Car œuvre résultant de l'absence de partage par égoïsme,

Car certains se trouvant après l'histoire de leurs vies sans pains,

Ils décident de ruiner la paix car ils n'ont à perdre dans les pains.

La paix et le pain

Monde vivant dans la peur sans paix,

Car le partage de butin était sans égalité,

Alors que la tranquillité se construit avec le pain,

Tous nous avons développé l'égoïsme sans équité,

Amena le monde dans les violences sans la paix,

Car personne ne voulait partager avec l'autre son pain,

Nous avons accepté de vivre un monde sans paix,

Pour conserver dans la violence notre part de pain,

Alors que tous nous perdions soudain,

L'aspiration d'une vision du monde certain,

Laissait vivre chacun avec sa culture sans épée,

Pour que nous ayons obtenu l'image de paix,

Par une solidarité sans infiltration par les pains,

Nous aurions tous conservé l'intention de l'épée.

La paix d'aujourd'hui

Monde violant d'hier,

Monde terrorisé sans paix,

Et violé sans pains,

Tous vivent sans paix,

Car le partage de pains,

Crée le viol et vol,

Roulé au feu d'hier,

Par l'égoïsme du monde,

Nourrit la violence,

Egoïsme coiffé,

Par la haine voilée d'hier,

Réduisant la paix,

Pour que le monde,

Aie prospérité et la paix,

Dans le partage.

Dans la rue de chez nous

Alors qu'il marchait partout,

Pour qu'il ait connaisse de nulle part,

Il finissait ses journées dans l'alcool partout,

Pour qu'il soit connu dans les rues nulle part,

A cause des dettes qu'il prenait partout,

Il se réveillait pour boire l'alcool des gens nulle part,

Son nom était déjà affiché dans les rues partout,

Pour prévenir les autres personnes de dettes nulle part,

Mais de ses promenades partout,

Il trouvait toujours les alcools fortement alcoolisés nulle part,

Pour construire les usines d'alcools fortement alcoolisés partout,

Les honorables utilisaient leurs pouvoirs parlementaires nulle part,

Pour que la jeunesse danse pour eux partout,

L'alcool fortement alcoolisé ruinait la jeunesse nulle part,

Poussant les jeunes dans les rues à être ivre partout,

Les honorables bourreaux de la jeunesse ne festoyaient nulle part.

La musique d'eldorado

Dans une démagogie de la politique hier,

Tout le monde accusait l'autre pour demain,

Mais tous buvaient dans les mêmes verres hier,

Ils niaient leurs signatures pour rouler le peuple demain,

Alors que le peuple croyait à un changement avec les élections d'hier,

La situation avantageait toujours les mêmes personnes pour demain,

Ce qui faisait que le taux de participation soit faible hier,

Pour les campagnes de participations aux élections de demain,

Tout le monde qui parlait de ces élections d'hier,

Il se posait la question de sa participation pour demain,

Pour évaluer le gain qu'il obtenait dans la course hier,

Ce qui amenait que la volonté finissait sur la carte demain,

La démocratie souffrait de ces agissements politiques d'hier,

Le peuple qui espérait pour une amélioration demain,

Vivait dans une récession plus que celle d'hier,

La volonté de la démocratie au peuple disparaissait pour demain.

Notre climat politique

Dans nos rues les élections se parlaient partout,
Quand il y a campagne électorale nulle part,
Car tout le monde portait son attention partout,
Pour que ces élections aient un effet nulle part,

La démagogie se construisait partout,
Pour séduire les électeurs d'ici et de nulle part,
Sans tenir compte de l'avantage à construire partout,
Seulement le tribalisme guidait ces élections nulle part,

Pour vivre les partis politiques qui pullulaient partout,
Mais dans les quotidiens du peuple misère ne croissait nulle part,
Ces partis enrichissaient les fondateurs et leurs fils partout,
Comme s'il fallait que le peuple meure pour eux nulle part,

Alors tout le monde chantait pour un politicien partout,
Pour qu'il trouve aussi comment manger sur un poste nulle part,
Tout le monde se trouvait tromper par un politicien partout,
Pour qu'il devient aussi propriétaire de son parti politique nulle part.

Nos politiques

Pour qu'ils se servent de nous ces politiciens donnaient promesse hier,

Pour nous faire leurs outils de leurs campagnes politiques de demain,

Mais pour partager leurs butins de gain politique de la messe d'hier,

Dans les reines d'exercice de pouvoir ils couraient toujours vers les frères demain,

Sans qu'ils aient conscience de chômage du peuple d'hier,

Nous les avons crus alors qu'ils étaient auteurs du chômage de peuple de demain,

Pour volonté de perpétuer notre situation d'hier,

Nous avons toujours eu les mêmes honorables demain,

Sans prendre conscience de cette situation d'hier,

Nous étions tous dans la démagogie politique demain,

Chanta pour les pilleurs de nos richesses d'hier,

Croyant que nous servions nos enfants pour demain,

Chacun trompait sa communauté ruinée hier,

Disant que si rien ne marchait à cause des autres tribus de demain,

Qui voulait toujours leur malheur pour la situation d'hier,

Ce qui faisait que les enfants apprenaient tribalisme pour demain.

La démagogie

Pour nous il fallait faire prévaloir nos potentialités souvent,

Pour construire leurs ruses de la démagogie devant nous parfois,

Car leurs messes politiques dans la rue n'étaient que la comédie souvent,

Pour perpétuer notre colonisation et esclavagisme tiré de l'égoïsme parfois,

La population dansait toujours pour ces bourreaux parfois,

A cause de la comédie qu'elle faisait pour ruiner un peuple souvent,

Sans conscience la jeunesse était au premier plan de cette ruse parfois,

Alors que cette jeunesse paierait une lourde tribu de cette ruse souvent,

Un niveau de chômage figurait déjà sur l'image de la jeunesse souvent,

Sans que cette jeunesse trouve conscience de la ruse politique parfois,

Participant à la prise en otage d'un peuple pour les promesses souvent,

Promesses fallacieuses que ces dinosaures politiques n'honorent parfois,

Car ces dinosaures manœuvraient pour eux et leurs familles parfois,

Cherchant à perpétuer la suprématie de leurs noms sur le peuple souvent,

Croyant que le peuple ne se révèlera jamais de leur forfait parfois,

Disons qu'on ne peut tromper un peuple qu'une fois souvent.

Notre survie

Orienter vers les sites miniers le peuple souvent,
Ce peuple oublie que les mines sont probables parfois,
Oubliant que pour faire bien les mines il faut l'agriculture souvent,
Les kwashiorkors prenaient la reine de village agricole parfois,

Sans que la conscience revienne pour nos seigneurs publics parfois,
Dont le ministère d'agriculture restait pour le jeu de rétro commission souvent,
Sans qu'il ait un plan de disposer la survie au peuple pour la manger parfois,
Privé de la nourriture le peuple ne reste que sur le champ de la faim souvent,

Réduisant la disponibilité de la nourriture pour le peuple souvent,
Sans qu'un plan de la politique agricole soit mis en œuvre parfois,
Oubliant le rôle de l'agriculture dans le développement souvent,
Pliant sur la grâce de voisin pour trouver la nourriture parfois,

Malgré les cris de la population sur la rareté de la nourriture parfois,
Epuisant la considération du peuple pour la vie rurale souvent,
Restant sur l'espérance de la gloire de Dieu pour avoir à manger parfois,
Cuisant la marge de l'agriculture pour la production agricole souvent.

La rue du Kivu de la RDC

S'ils étaient amis du peuple congolais du Kivu,

Ils ne pouvaient feindre sur les massacres du Kivu,

Ils se nourrissent de notre sang par les minerais,

Qu'ils tirent dans les gisements de nos minerais,

Les armes utilisées par ces buveurs de nos sangs,

Tirés dans les usines logées dans les bases d'étangs,

Ils peignent de discours pour nous pourrir la vie,

Croyant que nous sommes un peuple sans vue,

Lors de leurs mascarades, nous sommes invités,

Pour de cérémonies de la mort pour la fertilité

Quand leurs peuples veulent nous appeler à la disparition,

Pour que nous soyons traités comme des êtres de répartition,

Pour peindre les merdes en RDC, aide au développement,

Peint l'image de l'irréparable qu'ils ont oint dans le campement,

Oublia la haine que mon peuple coifferait sur les actions de loin

Car amis seraient celui qui acceptent d'organiser l'être peint.

Le rythme de chez moi

Même s'ils priaient pour que ciel l'accorde pardon,

Ces voisins qui acceptent d'être armés pour nous égorger,

Ils sont les plus maudits car même le diable ne les aime pas,

Qu'ils maudissent les origines de leurs entrailles,

Sans que nous les privions de notre richesse,

Ils traversent matin, midi et soir pour vendre,

Et acheter car farine et viande de nos tueurs,

Consommés par mon peuple aussi enflammé,

Ils achètent les armes qui vont nous tuer par l'argent,

Qui provient de chez nous et les salaires qu'ils touchent,

Dans notre pays ou les minerais qu'ils tirent dans nos puis,

Pour les opérations qu'ils nous imposent sous l'aval du tueur,

Quand nous crions de notre génocide pour le sang qui coule,

Même dans nos écoles, les complices parlent de mise en scène,

Sur leurs chaines de radio aussi complice que leurs usines d'armes,

Pour que nos morts pourrissent sans crédos aux yeux de l'occident.

LE PRIX DE NOTRE MINE

Ö au prix forcé de notre sang,

Accepterons de nous battre contre les ennemis en image de rang,

Sans faire perdre le rythme de complot cotre nous,

Soutenant les génocides de plus de treize millions dans notre pays,

Sous le prétexte de génocide de sept cent mille pour leur pays,

Il eut à faire la publicité de leurs morts,

Comme si nos morts coulaient un sang noir,

Alors que leurs morts coulaient le sang rouge,

Sans comprendre quel est le contour du complot,

Nous étions seulement victimes de nos minerais,

Que leurs amies puissances économiques complotaient de voler dans notre pays,

Ils peignaient femmes et jeunes des images de message écrits pour nous,

Ces messages étaient chantés par nos sociétés civiles afin que les organisations,

Composantes aient financement alors que ces financements ruinaient,

Nos agricultures dans le but de détruire nos emplois afin de perpétuer

Le chômage de jeunes pour continuer à les manipuler par les armes

Et les boissons fortement alcoolisées sous la complicité de nos officiels,

Qui peignaient pour leurs richesses de vouloir ruiner le pays,

Investissaient de millions pillés dans les pays agresseurs,

Aggravant aussi la souffrance de la population qui payait les lourds tributs,

Voulant croire que cette population est xénophobe sans que la xénophobie,

De nos voisins soient pris en compte par les pays qui chantaient xénophobie

A leurs frontières quand il s'agissait d'un migrant venant de l'Afrique,

Les morts de couleurs qui étaient aux Etats Unis, ces vendeurs de vent,

Ne pouvaient dire de la xénophobie car il s'agit de leurs stratégies de tuer ma race.

- Ruinant la gloire de la beauté,
- Ö honneur à vendre à coté,
- Ô vilain professeur :
- Creva la ruine du creuseur

- Bientôt tu seras bannit de mon école,
- Pour de raisons dont ton cœur te reproche d'être coupable !
- Sur la construction d'une confiance de l'avenir de passeur,
- Qui chercher à passer sur un lit de pose sans penseur,
- Te voilà attentif et gentil,
- Comme un hibou sans taille,
- Avec ton ardeur, je ne trouve pas sommeil,
- Mon cœur papille pour vivre à coté de ta taille.
- En train de regarder dans tes deux lunettes,
- Ouvrant grandement tes deux yeux
- Comme un hibou prêt à hululer sur le réveillon joyeux !
- Sur la joie de faire le monstre de la plaquette,
- Ô méchant professeur :
- Toi qui cherches à maudire
- Bientôt tu seras bannit de mon école pour te brandir,
- Pour de raisons dont ton cœur te reproche d'être blâmable aux chasseurs !
- Tu fais de mon école objet de la honte et source de l'ignorance,
- Aveugler par la corruption,
- La haine tribale et le racisme de ta race ;
- Tu seras bannit par la pratique de la corruption !
- Ô ignoble professeur :
- Tu agis sans faire des épaisseurs
- Sans prendre en compte les valeurs de ton cœur
- Ruinant de millions d'âmes qui existent à l'école dans leurs cœurs
- Bientôt tu seras bannit de mon école,
- Pour rendre public ton comportement immoral

- Pour de raisons dont ton cœur te reproche d'être fautif.
- Tu transforme tes élèves à qui tu dois la droiture,
- L'éducation et la moralité en sale pute,
- Sans que tu penses dans le détour du jute,
- Pensant que mon école est un lieu de caricature,
- Et plusieurs parmi elles continuent à perdre leur virginité en troque de points promis,
- Tu seras bannit !
- Huu, tu seras berné !
- Tu verras la terreur de la punition des hommes sans scrupules de ta qualité,
- Tu n'as pas compris comment l'ère de féminisme à sonner pour ta qualité,
- Ô méprisable professeur :
- Bientôt tu seras bannit de mon école,
- Pour de raisons dont ton cœur te reproche d'être déplorable !
- Tu feras l'œuvre de référence pour une immoralité de ta nature,
- Mon école doit t'amener à comprendre le rôle de l'éthique mature !
- À cause de quelques sous,
- Tu vends vainement ta dignité,
- Ta fierté,
- Ta moralité,
- Ton renom,
- Ta personnalité :
- Tu perds ta place dans cette société à cause de futilité !
- Tu seras excommunié !
- Tu ne trouveras plus valeurs de ta formation en finalité !
- Tu vas crier sur la rue sans pitié
- Ô abominable professeur :
- Tu verras sur l'affichage l'image de ton ardeur !
- Bientôt tu seras bannit de mon école,
- Pour de raisons dont ton cœur te reproche d'être blâmable !
- A raison de la nature de ton existence sans manière,
- Tu subiras encore les méfaits de ton attitude intransigeante sans arrière,
- Trahi par tes méconduites indignes pourtant ;

- C'est à toi ou les enfants puiserons le model,
- Alors que la honte de ta personne sonne sur la route pourtant,
- Absorbant le chemin sans espoir de l'avenir de l'ordre ordinal,
- Tu es le roi haï de la nature humaine,
- Je te détestés !
- Hooch, mourra professeur sans manière contesté,
- Avec une allure de malédiction aubine de ton espèce soudaine,
- Ô maudit professeur :
- Bientôt tu seras bannit de mon école,
- Car tes actes méritent plus de réprimandes de l'ordre de l'épaule
- Pour que l'œuvre de ton comportement soit à l'avenir de ton actif
- Pour de raisons dont ton cœur te reproche d'être fautif.

EN VOYAGE

- A cet 'époque là quand je partais en voyage
- Comme notre véhicule faisait le dérapage,
- Cependant, comme il n'y avait aucun dépannage,
- Pourtant je n'avais aucun litige,
- On se rendu compte, que la voiture prise en gage,
- Avait la panne d'engrainage,
- Pourtant l'autre était en garage,
- Après la phase de vidage,
- On a passé à celle de graissage,
- On a cru que c'est un sortilège,
- Au lieu de partir à Norvège,
- Nous nous retrouvâmes à Carthage,
- Ce qui a causé notre blocage,
- Après avoir exploré quelque kilométrage,
- On nous a dit que c'était le jumelage,

- Sinon ce serait le métissage.
- Dans le village de l'usage de carnage,
- Avant que nous parvînmes au village,
- On a senti la fraicheur de la plage,
- Nous marchâmes dans la forêt sous les feuillages,
- Dans une vallée pleine d'herbage,
- Sous les collines dans son ombrage,
- Tandis que, Solange et Ange mangeaient les orangés,
- En compagnie de maître George,
- Son nœud de cravate collé sur sa gorge,
- Qui m'a gracieux ce privilège,
- D'aller étudier au collège,
- L'excellente leçon de pilotage,
- Ce qui était pour moi un, avantage
- Comme il l'a fait en décollage,
- Il l'a mêmement fait en atterrissage,

- Sans un processus d'aménage,
- Car le piste était sa terre de sondage,
- Alors que le public applaudissait son ombrage.

Oui, chantons ta force d'atterrissage.

Le complot contre nous

Ruiné par vos armes et votre manipulation identitaire,

Nous sommes ragés pour faire barrage à votre commanditaire,

Parlons de la souffrance de notre peuple sous votre silence,

Vous qui êtes venus nous enseignés Dieu sans œuvre d'excellence,

- Oui, nous sommes tués,
- Oui, nous sommes enterrés vivant,
- Sans cri des puissances politiques,
- Sous silence de l'église.

Quand le minerai alimente leurs industries,

Aucune préoccupation qui touche encore leurs écuries,

Pour la ruine de leurs consciences avec démagogie

Sur la marque de la construction de l'idéologie

- Oui, nous sommes tués,
- Oui, nous sommes enterrés vivant,
- Sans cri des puissances politiques,
- Sous silence de l'église.

Nos cris sont banalisés par nos amis et frères de la foi,

Sous les chansons de droits de l'homme sans pratique de loi

Eloignant notre pensée à la loi nature de la Divinité

Car les œuvres de leurs comportements ont perdu la dignité

- Oui, nous sommes tués,
- Oui, nous sommes enterrés vivant,
- Sans cri des puissances politiques,
- Sous silence de l'église.

Complice de notre souffrance certains de nos concitoyens,

Vendant leurs dignités pour garantir leurs prospérités de moyens,

Adoptant un comportement de l'antiquité comme s'ils étaient de moyen âge,

Alors qu'ils sont comptables de leurs actes de l'opposé de la nature leurs âges.

- Oui, nous sommes tués,
- Oui, nous sommes enterrés vivant,
- Sans cri des puissances politiques,
- Sous silence de l'église.

Gloire de notre peinture

O gracieux l'homme qui habite ton cœur,

Car au prix de mon existence et cout de sueur,

Je trouverais toujours plaisir de tout donné pour toi,

Car vivre avec toi sur les jours de ma vie sur mon toit,

Reste la rose chanson que mon cœur garde à chanter,

Faire la joie de construire ma vieillesse avec une rose,

Aussi de prix de haute valeur comme toi et à chanter,

Sans sourire ni plaisir de la gloire de la prose,

Tu resteras la pierre de ma fondation et mon repos,

Car construit sur l'ombrelle de fantasme de la nature

Que quiconque en découvre y porte son propos,

Car l'existe ne peut faire autre que louer ta couture,

Je trouverai toujours chant de joie ton nom,

Car avec ton charme sourire même la gloire

Vient de la vue de ton existence quand tu dis non,

Les pages de nos écrits de cette rencontre construisent l'histoire

La vue de l'oracle

O toi qui fais la soudure des êtres par la surprise,

Construisant la vie de la famille par l'entreprise,

Partant de faire la proportion de l'œuvre de referendum,

Sur l'activité de la culture de la divine auguste reine de stadium,

Parité de la divinité de notre existence sans concours,

Privée de la fabrication de la parité de la cohésion de contour,

Pauvre d'inégalité de l'horreur de la fabrication de gérondif,

Pariant sur la marque de l'injustice économique de son aspect actif,

Pire de la loi de jingle où le darwinisme domine la nature de notre

Existence pour les multiples guerres de la vie de notre prose de rencontre,

Parution de la vision de la complicité de l'ombre de l'humanité de haine,

Criant au secours pour les hommes de faille de la destruction soudaine,

Pria la gloire de la divinité pour notre salut dans un univers à double vitesse,

Sans cause nous avons été portés au moulin humain avec l'horreur de vitesse,

Pour dire notre souffrance la xénophobie était le prétexte de nos minerais,

Puissances économiques vulgarisant la passion de la rupture de l'humanisme

Rue de la ruelle

Ruinée par les rues sans ruelles,

Poncée sur les rivages de cruelles,

Avec les morts sans auteurs,

Alors sous patrouilles de la police d'acteur,

A la marque de criminalité organisée par l'auteur,

Auteur de la gestion de la chose publique de l'activateur,

Sans ordre du peuple avec des scrutins sans normes,

Pour pourrir un peuple de l'ordre de la démocratie énorme,

Sous arnaque de la police, ce peuple se rend dans la ronde,

Louant les meurtres de leurs meurtriers par les adhésions concorde,

Aux partis politiques de ces meurtriers qui jubilent la richesse nationale,

A la pauvreté de son peuple qui investit les corrompus au pouvoir national,

Allusion aux maisons sans passages érigées pour gloire de la corruption,

Amusant la fonction publique qui vit sans salaire au pillage de la nation,

Armant les stratégies de vendre les biens publics aux corrompus de la classe,

Politique vivant à la manipulation de l'ensemble de la population de la basse classe.

Démocratie Piégée

Dans une démocratie piégée aux intérêts politiques,
Sans faire face à la manifestation de l'intérêt du peuple,
Les normes se violaient par les boulimies de la politique,
Sans consulter par referendum la volonté du peuple,

Les assemblées provinciales n'avaient plus un rôle à jouer,
Car le président pouvait vouloir stabiliser les provinces jouées,
Par une corruption à ciel ouvert de la présidence à la province,
Sous les charmes de seigneurs amis à accepter le prompte rince,

Sans tenir compte de la souffrance du peuple à l'investiture,
Sur la route de la campagne électorale saints tous ils caricaturent,
Sans faire allusion à leurs promesses de campagne, ils manipulent,
Pour vouloir obtenir un second mandat avec rythme un jeu pilule,

Sur un jeu de prendre un peuple dans un jeu au rythme de la mort,
Sans souci de leurs dégâts, ils roulent à vive allure de la mort,
A la manipulation de la conscience de la société civile par le billet,
Chantant sur rythme harmonisé avec les bourreaux par planche habillé.

L'immortalité politique

Louant l'immortalité de la commande politique,

Sur le vent de la manipulation de l'appareil optique,

Sous la gloire de l'image de la manœuvre politique,

A la fabrique de la mobilisation d'œuvre diabolique,

Logée dans la lubrification de la corruption et détournement,

De la chose publique avec les stratagèmes de couronnement,

Mouvement citoyen ou société civile pris au merci de rouleau,

Pour que ces mouvement citoyens et sociétés civiles paient leurs bureaux,

Vivait seulement les corrompus disant qu'ils sont cités corrompus,

Car les non corrompus ne peuvent pas parvenir à faire leurs œuvres rompus,

Dans la population qu'ils prétendent représenter sans mandat,

Par une messe de l'inexistence de l'Etat sur la fable des soldats,

Peint l'œuvre de la ruine de l'Etat pour la naissance des états individus,

Issus de l'héritage de la corruption pour laisser place à une succession vendue,

Par les noms des hommes et femmes qui ont comploté contre le héros national,

Pour prévaloir leurs luttes corrompues au peuple corrompu tant national.

Eglise de l'homme

Paraissant aussi faible de l'œuvre de l'homme,
Alors qu'Eglise chantant l'amour de Dieu,
Eglise servant la gloire de régime de l'homme,
Sans qu'ils prennent conscience de la rupture avec Dieu,

Œuvrant dans un chemin éloigné de la volonté de l'homme,
Sans qu'ils récapitulent dans leurs actions envers l'homme,
Image de Dieu leurs confiant la mission du bonheur sur la terre,
Se comportant comme étaient des églises qui servaient la terre,

Laissaient dans la quête de la richesse en privant de l'orphelin,
Son pain afin qu'ils aient villas et voiture de luxe aux colins,
Supportés par les charmes de la fièvre de l'évangile de robots,
Sur une manipulation de manière robotique sur l'élan colon,

Sur un vent des agendas d'intimité, le pouvoir pactisait d'eux,
Sur un violant vent de printemps arabe, Christianisme rêva dieux,
Pour freiner le vent du salut du peuple arable sous prétexte,
De la protection de la minorité chrétienne sans aucun texte.

Livré à l'ivrognerie

Livré à l'ivrognerie de la taille,

Sans aucun avenir de la paille,

Pillant la richesse de la jeunesse,

Sans un cri de la prudence sans cesse,

Formé comme un outil de la rouille,

Pour ruiner mon avenir avec le papier sans emploi,

Falsifiant le rythme de la manœuvre sans bataille,

Ecris dans les agendas de criminels comme la prochaine loi,

Bien que soldat du peuple sans conscience,

Sur une vaccination de masse sans science,

Au cout de l'accumulation de la richesse sans cesse,

Pour une croûtelette de la RAM et sans casse,

A la consommation de la téléphonie sans succès,

Sur de plateau de la Grande Dame de l'accès,

Par la divination de la charité accordée aux pillés,

Par les pillards sans exigence d'exhiber leurs patrimoines sans billet.

La loi de désespoir

Quand loin de la gloire se fondait désespoir,

Fabrique de la gloire pour l'outil de l'espoir,

Se nourrissait la loterie du loisir de loyauté,

Faisait la lutte de liberté pour libre écouté

Quand se volatilisait la route de la campagne,

Rien de la fabrique ne rodait la fondation de Cologne,

Collait au mesurage de la pendulette pour l'histoire,

Pureté de l'histoire de la grogne de bande de l'écritoire,

Se mesurer le gain qu'apportait encore l'écritoire,

Sur un élan d'histoire de l'évolution académique,

Sans croire au rythme de chômage de la jeunesse comique,

Nombre de ceux qui pouvaient brule leurs étalons d'auditoire,

Il restait que les chansons de la déception dans les poudres de formation,

Pointé par les puissances comme les éléments favorisant la révolution,

Il restait donc amoindri par l'observation de l'illustrative confrontation,

Sans lueur de l'avenir portant sur l'élégance de l'élaboration de l'évolution.

La quête du bonheur

Quand la charrue de la quête de bonheur sonne,
Le rythme de la danse se construit sur les colonnes,
Pour faire sortir la boussole de l'élégance morfie forer,
Pulvérisé par les chansons ruinées de l'orchestre éploré,

Sans pour autant croire à l'avenir de l'académie de l'écoré
Roué de la forme de l'auditoire sans ambiance effloré,
Partir de la forme de l'histoire de la marque de pulvérisateur,
Ruiné de la haine de rythme rompue de ma forme conservateur,

Pour faire preuve d'une mousse avec ambiguïté de la couvre,
Sur de roses épinées de la fabrication de l'ombrage de lèvre,
Sans faire face à l'orientation de la faisabilité de l'ordre,
Avec l'orientation de la fabrication académique de l'ombre,

Puisant dans les marques de l'auditoire de la manipulation,
Sans aucune histoire de l'orientation de l'élégance de l'élection,
Au sens d'un chemin de la route du chômage de titre académique,
Privant de l'image de l'orientation de titre dans l'éloge académique.

Ma jeunesse ruinée

Ma jeunesse était pour un rêve,

On a fait mon rêve un fauve,

On a foré mon rêve avec la dictature,

On avait défloré mon sourire.

Quand je courais à la liberté,

Les voisins couraient à la corruption,

La vision devenait la voiture de l'égalité,

Qui conduisait le groupe à la répétition.

Pour faire une histoire, un immeuble volé,

Tous les notables volaient les immeubles d'Etat,

Car l'Etat les plaçait aux personnalités de rives voilées,

Quand la conscience de la fierté laisse la place à la culture matérielle de son état,

Sans aucune conscience de la ruine causée

A cœur de la rupture de la classe sociale accusée

Pour la honte de la nation que nous peuplons,

Avec un hymne de la poésie couplons.

Mon identité triquée

Je ne voyais plus mon Etat prendre le chemin de lendemain,

Dans sa conduite citoyenne mon peuple fondait pour demain,

Je ne construisais plus ma jeunesse sur mon avenir biaisé,

Mais je chantais dans la rue pour l'espoir de l'avenir des êtres busés,

Certainement la tonalité manquait pour mes co-équipiers,

Mes rimes s'écrivaient toujours sur les chaines locales qui copiaient,

Je ne voyais pas venir l'espoir pour l'éternité de mon existence,

Car mon peuple vivait au quotidien pour la vie de son existence,

Quand l'hymne nationale se chantait,

Mon peuple se trouvait sur la route avec désolation,

Pas pour la haine envers son paysage mais la haine de la gouvernance,

La plupart de mon peuple ne se retrouvait pas dans son existence,

Quand les routes s'inondaient par les pluies,

Nous avons cru que nous sommes modus de pluies

Alors que les autres priaient pour qu'il pleuve chez eux,

Nous avons compris les valeurs de pluies par eux.

La violence un rythme de chez moi

Pour vivre dans notre contrée, la normalité fouillée,

Rien que la barbarie qui conduisait la construction de la vallée,

Pour la vie publique aucune norme d'éthique,

Plus rien qui valait au rythme déontologique,

Alors que les années passées, plus le sang coulait en couleur,

Rien ne voulait apprendre la vie de philosophie de la couleur,

Quand l'animation venait, les élections devenaient dans la rue,

Cette animation n'existait que sur la ruse de la rue,

Plus de joie sur la vie du peuple,

Le paysage se dépeuplait de peuple,

Le dépeuplement venait par le cout de vie,

Car rien ne pouvait faire la vivre la vie,

Pas d'espoir pour le futur car tous se dérèglait de la règle,

Les écoles rognaient pour la ruine de gens râles,

Râles de la conscience pour les diplômes sans emploi,

Diplômés des académies pommées par les hommes sans emplois.

La loi du jingle au plus fort

Pour faire la vie digne, il fallait voler et violer,

Ce qui faisait que les applaudissements soient au vol et viol,

Pour les princes les vols et viols voilaient leurs voitures,

Ils vivaient comme des clandestins vautours,

Maintenant le monde accepte nos crimes pour richesses,

Les puissances nous tuent pour obtention de la richesse,

Sans cause ils décident pour nous comme si nous étions leurs butins,

Sans contestés, nous validons notre vente avec des élections à bulletin,

Sans compassions nous étions tués pour la passion de la carrure,

Sans gestes de l'avenir pour notre existence de la caricature,

Loin de votre gloire de notre être, la peine gouvernait notre route,

Pour fuir la honte de la haine sur la caravane de la hutte,

Quand la richesse gagnait la publicité sur les rues,

La jeunesse chantait les noms de vautours riches dans la rue,

Sans qu'elle sache que ces vautours sont riches à cause de leurs pauvretés,

Pour raison de boire et de manger sans conscience de la souveraineté.

Conclusion

Eloigné de son existence, vouée à la fuite par une complicité délibérée, il ne pouvait que faire voile de son existence, il vivait sous l'emprise de l'humanité, perdant son espoir dans le forfait de l'international, sans perdre l'image de sa lutte, noyer dans l'espoir illusoire de la perte et de l'égoïsme politique des acteurs internationaux, rodant dans un jeu d'intérêt au prix de sang de millions, pour profit de l'or, coltan, de sorte que l'industrie de la technologie se célèbre dans la main de tout le vivant sur leurs Smartphones, qui animaient la mort dans nos village, qui filmait les viols et le terrorisme sous la protection des industries qui assuraient les affaires dans ces industries de l'intelligence artificielle, sous un parfum de la violence acceptée pour ma race, rien ne pouvait faire encore ombre de notre peinture sous une volonté de nous exterminer, aucun ne pouvait prendre notre partie, le deal était généralisé, sans témoin même nos frangins étaient des commanditaires pourvue qu'ils aient de millions de dollars, alors que millions sans identité seraient qu'un coffre sans code d'ouverture.

Table des matières

Printed by Books on Demand GmbH, Norderstedt / Germany